LA CHASSE AUX LOUPS,

OPÉRA-COMIQUE,

EN UN ACTE ET VAUDEVILLES,

PAR C. A. B. SEWRIN.

Représenté, pour la première fois, à Paris, sur le Théâtre de la Cité-Variétés, le 25 Avril, (V. ST.) 6 Floréal de l'An V.

———

A PARIS,

Chez BARBA, Libraire, rue St.-André-des-Arts, N°. 27, au Magasin des Pièces de Théatre.

———

AN CINQUIÈME DE LA RÉPUBLIQUE.

PERSONNAGES. ARTISTES.

LAURETTE, Mlle JULIE.
JULES, amant de Laurette, M. RAFFILLE.
SILVESTRE, prétendant à la main
   de Laurette, M. FRÉDÉRICK.
MORRIN, père de Laurette, M. DUMONT.
CHRISTOPHE, oncle de Sil-
   vestre, Greffier et Bailli du lieu, M. TIERCELIN
CHŒURS de villageois et villageoises de tout âge.

La Scène se passe dans un village.

LA CHASSE AUX LOUPS,

OPÉRA-COMIQUE,

EN UN ACTE ET VAUDEVILLES.

Le Théâtre représente une campagne couverte de neige. Dans le fond est une petite rivière sur laquelle est jetté un pont de bois. Çà et là des moulins ne travaillant pas. A gauche, sur le devant, la maison de Morrin, à côté de laquelle est une vieille masure qui n'est pas habitée. A droite, un peu plus dans le fond, est la maison de Christophe; au dessus de sa porte en grosses lettres est écrit : GREFFE.

SCÈNE PREMIÈRE.

SILVESTRE, *endimanché.*

AIR : *Si j'avois un amant.* N°. 1.

(*très-lentement.*)

Il faudra pour c'te fois,
    J'crois,
Ben souffler dans ses doigts
    Froids.
Quoiqu' l'amour dans mon ame
Ait répandu sa flamme,
J'aos toujours b'soin d'un peu
    D'feu.

Mon oncle le Bailli
　　Dit
Qu'il n'est qu'un seul moyen
　　D'bien,
Pour chasser la froidure,
Rendr' la saison moins dure,
Et j'pensons comme lui,
　　Oui.

Mais faut pour ça que mamselle Laurette y consente, car s'il n'y a qu'moi qui l'veuille, c'est comme si je ne l'voulions pas... C'maudit Jules m'chiffonne l'esprit... il vient toujours contrecarrer c'que j'faisons.

A i r : *La Danse n'est pas ce que j'aime*. N°. 2.

Lorsque de mam'selle Laurette,
L'hasard m'fait trouver sur les pas,
J'rendons hommage à ses appas,
J'tenons doux propos d'amourette.....
Mais pour compter aussi fleurette,
Jules bientôt s'en vient,.. hélas !
Et puis après, lui prend le bras,
　　Laurett' s'en va...
　　Moi j'reste là,
Droit comm' un échalas.　　　　(*bis*).

C'n'est ni beau ni honnête... Si madame Brigitte vot' mère savoit des choses comm' ça, mamselle, vous seriez bien sûre d'être grondée d'la bonne manière... all' m'aime, madame Brigitte, elle a d'l'estime pour ce pauvre Silvestre que vous rudoyez souvent sans qu'il y paroisse. Je suis le neveu de mon oncle Christophe greffier et bailli du village... J'valons mieux sans contredit qu'vot' monsieur Jules... Mamselle Laurette, j'vous en prie, un peu plus d'amitié !... voyez si je n'somm' pas digne d'être aimé de vous... J'nous levons de grand matin dans l'espérance d'vous rencontrer un des premiers ; j'nous exposons à l'intempérance d'la saison et à ben d'aut' désagrémens... que sait-on ?

A i r : *du porteur d'eau dans la Pauvre Femme*.

Les loups ne trouvant dans les bois
Que d'la neige au lieu de verdure,

Pourroient ben s'en revir queuq' fois
Chercher ici d'la nourriture.
Si quelques-uns de ces gloutons
Rodoient autour de nos moutons,
Comm' j'ai la mine d'un agneau,
Ils me croiroient p'têt' du troupeau,
Et m'aval'roient (*bis*) d'un seul morceau...
(*en tremblant.*)
  Mon dieu ! mon dieu !
  Au monde faudroit dire,
  Mon dieu ! mon dieu !
Au monde faudroit dire adieu,
Oui, faudroit dire adieu.

C'n'est pas tant seulement des loups
Dont j'pourrions avoir à nous plaindre,
On dit qu'les voleurs, les filoux,
Sont encore ben plus à craindre.
Sous la patte d'ces enragés,
J'n'serions pas plus ménagés ;
Des loups, des voleurs, gardons nous,
J'n'aim'pas les voleurs ni les loups...
Si j'tombions (*bis*) un' fois sous leurs coups,
  Mon dieu ! mon dieu !
  Au monde faudroit dire...
  Mon dieu ! mon dieu !
Au monde faudroit dire adieu ;
Oui, faudroit dire adieu.

(*A l'instant même où il finit le couplet, l'on entend tirer un coup de fusil et de suite on voit passer un loup dans le fond, au bas de la montagne, de l'autre côté de la rivière.*)

SILVESTRE, *saisi de frayeur, se retourne et s'écrie.*

Ahi ! Ahi ! Ahi !... je suis perdu !... en parlant du loup on en voit la queue... Où me cacher ?... miséricorde ! miséricorde !... aucune porte d'ouverte ! ça n'est-il pas fait exprès ? Je n'vois que c'te petite mazure... all' n'est pas habitée.. entrons-y.

    (*Il enfonce la porte avec son pied.*)

AIR *des deux Avares.* N°. 4.

Frappons, frappons à grands coups,
Cachons-nous vite, cachons-nous ;

Frappons, frappons à grands coups,
Brisons la porte et ses verroux.

(*La porte s'ouvre; il entre et la referme après lui; on ne le voit que par la lucarne.*)

Restons ici jusqu'à ce que tout l'monde soit d'bout dans le village...

AIR *de l'éternelle providence.* (PAUVRE FEMME.) N°. 5.

A mon secours, mon cher parrain,
Venez à moi, belle Laurette,
Ayez pitié de mon destin,
Tirez-moi de cette cachette,
Plaise au ciel qu'il n'm'arrive rien,
J'sommi' dans une mortelle transe...

Personne encore !

Faut m'confier, je le vois bien,
A l'éternelle providence.   (*bis.*)

SCÈNE II.

SILVESTRE, *dans la masure.* JULES, *un fusil à la main.*

JULES.

Je ne l'apperçois plus !...

SILVESTRE, *à part.*

Voici quelqu'un !... que vais-je devenir ?...

JULES.

Il est passé le long du taillis...

SILVESTRE, *à part.*

Est-ce de moi dont on parle ? Je tremble !

JULES.

Je suis bien fâché de l'avoir manqué.

SILVESTRE, *à part.*

Oh la maudite étoile qui m'a conduit ici !...

JULES.

Mais je m'en consolerai si je parviens à voir mon aimable Laurette !...

SILVESTRE, *à part.*

Laurette ! c'est mon rival !... v'la l'pus dangereux!

AIR: *Une fièvre brûlante.* (DE RICHARD.) N°. 6.

PREMIER COUPLET.

L'hyver à la nature
Ote mille ornemens,
Plus de fleurs dans nos champs,
L'ruisseau plus ne murmure.
Mais quand Laurette ici paroit,
Tout reprend un nouvel attrait...
Un regard de ma belle
Enchante tous mes sens,
Et mon cœur auprès d'elle
Retrouve le printems.

SILVESTRE, *à part.*

I n' s'en ira pas!... je suis condamné à me morfondre ici deux heures.

SCENE III.

Les mêmes, LAURETTE, *à sa fenêtre qu'elle tient à moitié ouverte, de manière à ne pas être vue de Jules.*

LAURETTE.

SECOND COUPLET DE LA ROMANCE.

Les oiseaux du bocage
Redoutent c'te saison...
Tristes avec raison,
Ils cessent leur ramage.
(*Elle ouvre entièrement la fenêtre et continue:*)
Mais le plus tendre des amans
M'rappelle ici leurs doux accens.

EN DUO.

LAURETTE.	JULES.
La saison est cruelle,	Un regard de ma belle
Soyons toujours constans,	Enchante tous mes sens,
Toujours en dépit d'elle,	Et mon cœur auprès d'elle,
Nous aurons le printems.	Retrouve le printems.

SILVESTRE, *à part.*

Oui, oui, c'est fort bien l'entendre ; mais mon parrain Christophe mettra ordre à tout cela... la petite volage !

8 LA CHASSE AUX LOUPS,

JULES.

Descends-tu ?... ma chère Laurette! v'là plus de deux heures que je sommes ici!...

SILVESTRE, à part.

Le menteur !

JULES.

Tu sais comme le tems paroit long lorsqu'on attend ce qu'on aime...

LAURETTE.

Je suis à toi dans la minute... Mon père dort encore, j'pourrons causer un p'tit brin.

(*Elle ferme la fenêtre et se retire.*)

SCENE IV.

SILVESTRE, JULES.

SILVESTRE, à part.

Et j'serons témoin de ce tête-à-tête !... pardine ! cela sera curieux !

JULES.

Dieu merci !... je n'aurai pas perdu toutes mes peines.

SILVESTRE, à part.

Faudra voir çà.

JULES.

Hein !... j'ai cru que l'on avoit parlé... quel plaisir, ma chère Laurette !...

AIR : *Un bandeau couvre les yeux.* (RICHARD.) N°. 7

Tu vas venir dans ces lieux,
J'nous verrons dans tes beaux yeux !
C'plaisir sera grand sans doute ;
Car si j'en juge par-là...
Rien n'peut contenir s'ti-là,
Que d'avance je goûte.

SILVESTRE, à part et à demi-voix.

Sans être vu, j'varrons tout,
Vous m'poussez à bout ;   (*bis.*)
Mais j'nous vengerons de vos tours,
Vous ne chanterez pas toujours,
Non, pas toujours,

JULES, *vers la fenêtre de Laurette.*

Viens donc vite dans ces lieux,
Que j'lisions dans tes beaux yeux,
L'plaisir sera grand sans doute,
Car si j'en juge par-là,
Rien n'peut contenir s'ti-là,
Que d'avance jo goûte.

La voici !... je l'entends.

SCENE V.

(*Laurette sortant sans bruit de la maison et refermant doucement la porte, Silvestre dans la masure, Jules s'avançant avec transport dans les bras de Laurette.*)

SILVESTRE, *à part.*

All' n' s'est pas fait trop attendre !... écoutons un peu le langage d'ces tendres tourtereaux.

JULES.

AIR : *Te bien aimer.* N°. 8.

Je te revois, ô ma belle maîtresse !
Mets-là ta main et sens battre mon cœur.
Comme il s'agite !... Il te dit que sans cesse
Je t'aimerai... je ferai ton bonheur.

LAURETTE.

Laurette en vain voudroit user d'adresse
Et te cacher c'qu'elle éprouve aujourd'hui.
Ton cœur promet et constance et tendresse,
Le mien sera fidèle comme lui.

SILVESTRE, *à part.*

Pas si mal pour un' p'tite innocente... mais, dépêchez-vous, je gèle...

LAURETTE et JULES.

DUO.

Jurons tous deux d'n'avoir toute la vie
Qu' mêm' sentimens, mêmes goûts, mêmes vœux,
Si de l'hymen la chaîne enfin nous lie,
Amans, Epoux, nous s'rons toujours heureux.

SILVESTRE, *à part.*

Essayons d'fair' du bruit..... ça les f'ra p'têtre finir.....
(*haut*) hum! hum!...

LAURETTE, *à Jules.*

N'as-tu pas entendu quelque chose?

JULES.

Ne crains rien, je suis avec toi.

AIR: *Qu'après l'avoir couché par terre.* N°. 9. (CHASSEURS ET LA LAITIERE.

Tu n'doutes point de mon courage,
L'amour inspire la valeur,
Qu'ici rien ne te porte ombrage,
Laurette, calme ta frayeur:
Si queuq' méchant venoit, ma chère,
Nous déranger en ce moment,
Avec cette arme assurément
Je l' coucherions bentôt par terre. (*bis*)

Jules, en disant le dernier vers, couche par hazard son fusil en joue sur la masure.

SILVESTRE *sortant la tête de la lucarne, de peur d'accident.*
(*à part.*)

N'badinez donc pas comm'ça... jeune imprudent!

LAURETTE.

Il est plus sage de nous séparer... Mon père est peut-être levé...

JULES.

J'ai bien d'la peine à te quitter, mais puisqu'enfin la raison l'commande...

SILVESTRE, *à part.*

C'est bien heureux!

JULES.

Adieu, Laurette.

SILVESTRE, *à part.*

Adieu, adieu!

JULES.

Viens me reconduire jusqu'au petit pont.

LAURETTE.

Tu le veux, et s'il m'arrive après d'être grondée...

JULES.

Jusques-là... seulement... tu t'en r'tourneras tout d'suite

OPÉRA-COMIQUE.

LAURETTE, *lui prenant le bras.*

Allons.

(Laurette reconduit Jules. Pendant ce tems, Silvestre sort sans bruit de la masure, et va se placer à la porte de la maison de Laurette.)

SILVESTRE, *à part.*

Bon, je la tiens!

JULES, *sur le petit pont.*

AIR : *Je suis heureux en tout, mademoiselle.* N°. 10. (COMTE D'ALBERT.)

Nous quitt'rons-nous, mon aimable Laurette,
Sans payer la dette,
Que l'amour répète
Dans un tel moment;
Assurément,
Faut qu'chacun d'nous s'acquitte,
Un baiser bien vite,
Et je prends la fuite
Beaucoup plus gaîment.

SILVESTRE, *sur le devant de la scène.*

(*Il prête l'oreille avec attention aux baisers que Jules prend sur la main de Laurette, et qui sont pris de manière qu'ils tombent en mesure avec la suite du couplet.*

Prêtons l'oreille un instant !   (*le baiser.*)
Ce sont des baisers qu'il prend... (*Id.*)
Moi, j'enrage cependant...   (*Id.*)
De n'pouvoir en faire autant   (*Id.*)
Et ben punir l'insolent.   (*Id.*)

La Reprise en TRIO.

JULES, *s'éloignant..*	LAURETTE.	SILVESTRE à part, sur la porte de la maison.
Séparons-nous, Puisque le tems nous presse, Si douce caresse, Si vive tendresse N'auroit jamais d'fin. Mais en un jour, A trop prendre on s'expose, Il faut, quoi qu'on ose, Garder quelque chose pour le lendemain.	Séparons-nous ; Adieu, le tems nous presse. Si douce caresse, Si vive tendresse Doit avoir sa fin. A trop donner, A trop prendre on s'expose. Il faut, quoi qu'on ose, Garder quelque chose Pour le lendemain.	C'est étonnant, Comme le tems la presse! Si douce caresse, Si vive tendresse, Certe, aura sa fin. J'ons découvert Ici le pot aux roses ; S'il arriv' des choses, J'en dirons les causes, Car j'en sommes certain.
(*Il s'éloigne et suit Laurette des yeux.*	(*Elle se rapproche de la maison en suivant Jules des yeux.*)	

SCÈNE VI.

SILVESTRE, LAURETTE.

(*Laurette, n'appercevant plus Jules, se retourne et veut rentrer à la maison; mais tout-à-coup elle est saisie de frayeur à la vue de Silvestre. Celui-ci barre le passage pour l'empêcher d'entrer.*

LAURETTE.

Ah!... c'est vous, monsieur Silvestre, vous m'avez fait une peur!...

SILVESTRE.

Ce n'est rien qu'ça, mamselle, ça s'dissipera bientôt... si vous voulez...

LAURETTE.

Ne me retenez pas... je v'nons de faire une commission pour mon père; il faut que j'rentrions bien vite.

SILVESTRE.

Une commission!

A1R: *Il faut que l'on file, file, file.* N°. 11.

Vous les faites à merveille
Lorsque Jule est avec vous,
Quand votre maman sommeille
Vous vous moquez des verroux.

LAURETTE, *à part.*

Mon dieu! est-ce qu'il m'auroit vue?

SILVESTRE.

Quand vous m'app'lez imbécile
Quand vous fait' la difficile,
Qu'rot' fierté s'arm' contre nous,
Pour Jule elle file, file, file,
Pour Jule elle file doux.

LAURETTE, *à part.*

Le traître!... s'il alloit vouloir se venger!...

SILVESTRE, *contrefaisant la voix de Laurette, répète le couplet qu'elle a chanté dans la scène avec Jules.*

AIR: *Te bien aimer.*

» Laurette en vain voudroit user d'adresse,
» Et te cacher c'qu'elle éproure aujourdhui.
» Ton cœur promet et constance et tendresse,
» Le mien sera fidèle comme lui.

LAURETTE, *à part.*

Il a tout entendu ! que faire ?

SILVESTRE.

Vous allez donc reconduire les amoureux jusqu'au petit pont... Ah ! quand monsieur Morrin vot' père saura ça...

LAURETTE.

(*A part.*) Dissimulons... (*haut*) monsieur Silvestre ! pardonnez...

SILVESTRE, *feignant d'être en colère.*

AIR : *Encore une victoire* (CANGE AUX ITALIENS.) N° 12.

(*très-vite.*)

Votre beauté (*bis*) m'avoit tourné la tête,
J'nous promettions de tout not' cœur
De fair' votre bonheur.
Mais à présent
C'est différent !
Mamselle, j'voyons clairement
Que j' n'étions qu'une bête,
Oui, qu'une bête.

LAURETTE, *voulant l'amadouer.*

Monsieur Silvestre ! j'avoue que j'ai eu tort, mais ne criez pas tant, vous f'rez venir mon père et...

SILVESTRE, *criant encore plus fort.*

J'vais à mon tour (*bis*) faire une autre conquête,
Sans doute ell' n'aura pas vos yeux,
Ils n'en vaudront que mieux.
Ell' n'aura pas votre minois,
Mais l'vôtre à présent, je le vois,
M'avoit rendu trop bête,
Oui, oui, trop bête.

SILVESTRE.

Oubliez tout ce qui s'est passé, monsieur Silvestre, vous n'aurez plus à vous plaindre de moi... Je vous aimerai...

SILVESTRE, *avec joie et surprise.*

Vous !... vous.... qu'avez vous dit ?.... Mamselle, répétez ce mot-là.... je vous en prie.

(*Avec beaucoup de douceur.*)

D'vous moquer d'moi (*bis*) ça ne s'roit pas honnête.
Mamselle, avez-vous dans c'moment
Parlé sincèrement ?

Si vous n'changez pas d'sentimens,
De tout mon cœur moi je consens
A rester encor bête,
Encore bête.

AIR : *N'en demandez pas davantage.* N°. 13.

Pour achever de m'appaiser,
Pour obtenir libre passage,
N'gardez pas plus long-tems l'baiser
Qu'vous avez r'çu près de c'rivage.

Que j'vous embrasse une seule fois, mamselle Laurette, et j's'rons le plus heureux des mortels....

LAURETTE.

(*à part.*) Il faut en passer par-là.....

(*Haut.*) Suite de l'air.

Je vous le permets,
Prenez-le donc, mais.....

(*Comme Silvestre ôte son chapeau et se dispose à embrasser Laurette, Christophe paroît à sa fenêtre dans le fond et appelle*)

Silvestre ! Silvestre !

SILVESTRE *se retourne pour regarder qui l'appelle ; voit son oncle et lui dit :*

Je suis à vous, mon cher parrain, je suis à vous....

(*Pendant ce tems, Laurette s'est glissée doucement dans la maison dont elle a refermé la porte, Silvestre se retournant pour vouloir l'embrasser, ne la retrouve plus et reste ébahi. Un instant après, Laurette paroît à sa fenêtre et termine le couplet.*)

N'en demandez davantage. (*bis*)

(*Elle se retire et ferme la porte.*)

SCÈNE VII.

SILVESTRE, *seul.*

AIR : *C'est un plaisir que d'boire.* (ARNILL.) N°. 14.

Chacun a dans c'te vie
Ses goûts, ses modes, ses humeurs,
L'un veut d'l'or, l'autre envie
De belles places, d'grands honneurs....
L'autre une belle
Tendre et fidèle..... (*bis*)
De tout ça quel est le meilleur ?
Ça'y a qu'les femm'qui font not'malheur.....

Gn'yaqu' gn'aqu' gn'yaqu'
Gn'yaqu' les femmes qui font.....
Gn'yaqu', gn'aqu', gn'yaqu' gn'yaqu'
Gn'yaqu' les femm'qui font not'malheur.

AIR: *Moi rêver douce amie.* N°. 15.

L'un compare sa belle
A l'étoile du matin,
L'autre à la fleur nouvelle
Qui pare son Jardin.
Quant à moi je compare
Une femme au melon.....
Sans l'gouter il est rare
Qu'on sache s'il est bon. } bis

SCÈNE VIII.

SILVESTRE, CHRISTOPHE.

AIR: *Du haut en bas.* N°. 16.

CHRISTOPHE.

Du haut en bas
Depuis deux heures je t'appelle,
Du haut en bas,
Pourquoi ne me réponds-tu pas?

SILVESTRE.

J'étois avec une infidèle
Qui pour moi seul fait la cruelle
Du haut en bas.

CHRISTOPHE.

AIR: *De Joconde.* N° 17.

Le mariage à ton tourment
Va bientôt mettre un terme,
Madame Brigitte y consent
Et certes tiendra ferme.
Tu peux compter d'après cela
Sur l'aveu du beau-père,
Quand femme a quelque chose là.....   (*la tête*)
Qui pourroit le contraire?

Il faut aller trouver Morrin,
Lui dire sans mystère
Tout le sujet de ton chagrin,
Il te plaindra, j'espère.

SILVESTRE.

Mon cher Parrain, parlez pour nous,
Où notre espoir s'envole,
Je n'avons pas ainsi que vous
L'usage d'la parole.

Vous, greffier du village !.... vous lui tournerez ça comme une sentence, il vous écoutera mieux que moi.

CHRISTOPHE.

Eh bien ?..... nous verrons, nous verrons..... Mais à propos de sentence... tiens, tu vas porter ces deux-ci... la première est pour Claude.... ce n'est pas loin....

SILVESTRE.

A la bonne heure !....

CHRISTOPHE.

Comment ?....

SILVESTRE.

Oh!.... c'est que mon parrain, si ce n'eut pas été près d'ici, j'vous aurions demandé la permettance de remettre ça à un aut'jour.

CHRISTOPHE.

En voici une pourtant qu'il faut porter sur-le-champ à Pierre-Nicolas Desmarais, cultivateur, au bout du bois.

SILVESTRE.

Ah mon parrain, je vous en suplie, dispensez-moi d'y aller....

CHRISTOPHE.

Pourquoi donc ?

SILVESTRE.

Je n'nous en sentons pas le courage.

CHRISTOPHE.

Que veux-tu dire ? poltron....

SILVESTRE.

Si vous saviez....

CHRISTOPHE.

Ehbien ?

AIR: *V'là c'que c'est qu'd'aller au bois.*   N° 18.

Y a du danger d'aller au bois
Dans l'tems d'la neige et des grands froids.
Dispensez-moi pour cette fois,
Mon Parrain, de grace,

allez

Allez à ma place,
Y a du danger d'aller au bois
Dans l'tems d'la neige et des grands froids.

CHRISTOPHE.

Nigaud ! tu as peur... vous irez ou nous verrons....

SILVESTRE.

AIR : *De la forêt noire.* N° 19.

Si vous aimez votre filleul,
　Ecoutez sa prière,
Que du moins je n'allions pas seul
　Chez Claude ou bien chez Pierre.
Mon cher parrain, (*bis.*) j' n'manqu' pas d'cœur
Et c'pendant je sens que j'ai peur.
Hélas ! si vous voulez, si vous voulez m'en croire,
N'allez pas m'envoyer dans le purgatoire. (*bis.*)

Vous n'savez pas tout c'qu'on répand,
　Ah, mon dieu ! qu'c'est terrible !
Oh !... Tenez, rien qu'en y songeant,
　J'ons un' frayeur horrible...
L'on dit comm' ça (*bis.*) enfin suffit...
Que sais-je, moi, ce que l'on dit...
Mais hélas ! mon parrain, si vous voulez m'en croire,
N'allez pas m'envoyer dans le purgatoire. (*bis.*)

CHRISTOPHE.

AIR : *Servantes, quittez vos paniers.* N°. 20.

Que je ne vous entende plus,
　A la fin je me lasse,
Mes ordres sont très-absolus,
　Que l'on y satisfasse !...
Ces papiers... Allez les porter,
Vous n'avez rien à redouter,
Si vous ne voulez m'écouter,
　Comptez sur ma disgrace.

SILVESTRE.

AIR : *O filii et filiæ.* N°. 21.

Mon cher parrain, n'vous fâchez pas,
Puisqu'il le faut, v'là que j'y vas,
Mais pour moi d'main j'crois qu'on dira
　Un libéra.

CHRISTOPHE.

C'est bien !... à présent je suis content de toi... j'aime

B

qu'on m'obéisse... pendant ce tems je vais voir Morrin et lui parler de ton mariage avec Laurette.

SILVESTRE.

AIR: *Nous sommes précepteurs d'amour.* N°. 22.

Quoique j'pressentions des malheurs,
Vos volontés m'sront toujours chères,
Adieu, mon parrain, si je meurs,
N'm'oubliez pas dans vos prières.

(*Il s'en va.*)

SCÈNE IX.

CHRISTOPHE, *seul*.

Il est fou, je pense... Oh! dix années de ménage rendront sa tête un peu plus saine...

AIR: *Femmes, voulez-vous éprouver.* (DU SECRET.) N°. 23.

Je m'en souviens, étant garçon,
J'étois encore bien moins sage,
Pour me remettre à la raison,
J'avois besoin du mariage.
A ce remède on m'excitoit,
Je pris donc une ménagère,
Bientôt je sentis qu'en effet
J'avois la tête moins légère.

De Laurette une fois l'époux,
Mon filleul a très-peu d'usage,
Pour s'instruire aussi bien que nous,
Il faudra qu'un jour il voyage,
Comme lui j'étois sans détour,
J'avois la cervelle bornée,
Mais je partis... A mon retour
J'avois la tête mieux ornée.

Allons trouver Morrin... justement le voici!....

SCÈNE X.

CHRISTOPHE, MORRIN.

MORRIN, *sortant de chez lui avec une hache*.

AIR *du Sorcier*. N°. 24.

Eh quoi! la cloche du village
A sonné depuis ben long-tems,

Personn' n'est encore à l'ouvrage,
Fillett', réveillez vos amyns.
Que si le froid les épouvante,
Ils sortent d'leur engourdissement,
Faites tant, tant, tant, tant,
Que bien qu'il neig', qu'il pleuv', qu'il vente,
Auprès d'vous ils comptent toujours
Les plus beaux jours. (*bis*)

CHRISTOPHE.

Bonjour, Morin......

MORIN.

Je suis ben l'vôtre, monsieur Christophe.

CHRISTOPHE.

J'allois vous rendre visite.

MORIN.

Aviez-vous queuq' mauvaises nouvelles à nous apprendre ?

CHRISTOPHE.

Non, ce que j'ai à vous dire ne peut que vous causer bien de la joie.

MORIN.

Diantre !..... stapendant i disiont tous dans l'village qu'vous êtes un oiseau de mauvais augure.... mais ce sont de méchantes langues....

CHRISTOPHE.

Il y a bien quelques femmes qui se permettent ces petits propos-là, mais je ferme les yeux là-dessus..... allons au fait.

MORIN.

Voyons.

CHRISTOPHE.

Vous savez ou vous ne savez pas que Silvestre, mon filleul, aime votre fille Laurette....

MORIN.

Je l'crois ben.... tout l'mond' l'aim'.... all' est si gentille !...

CHRISTOPHE.

Oui, mais il l'aime.. vous comprenez... c'est d'amour....

MORIN.

Je n'l'entendions pas autrement.... vingt garçons m'lont déjà demandée en mariage, j'les avons tous refusés... y en a ben un pourtant à qui j'avons laissé des espérances, mais

B 2

avant d'obtenir ma Laurette, il faut que j'soyons sûr qu'il la rendra ben heureuse.... c'est Jules.... vous l'connoissez peut-être ?....

CHRISTOPHE.

O ciel ! y penseriez-vous ?.... Ce petit mauvais sujet !....

AIR: *Jeunes amans.* (AMOUR FILIAL.) N°. 25.

La pauvreté, monsieur Morrin,
Voilà, voilà tout son partage !

MORRIN.

S'il a des vertus, mon voisin,
Je l'en estim'rons davantage.

CHRISTOPHE.

Qu'il ait, j'y consens, des vertus,
Mais, hélas ! qu'oseriez-vous faire !
Il est sans parens...

MORRIN.

   Raison d'plus,
Pour que je l'y sarvions de père ! (*bis*.)

CHRISTOPHE.

Oh ! vous êtes un homme à sentimens.....

AIR: *Des simples jeux de son enfance.* N°. 26.

De ce que disoit un grand homme,
Mon cher voisin, souvenez-vous,
J'ons oublié comment ch'l'nomme,
Mais il avoit pus d'bon sens qu'nous.
« J'ons un arbre qui nous rapporte
» Le fruit, le plus beau, le meilleur.
» Qui l'a greffé !... peu nous importe ?
» Pourvu qu'j'en savour' la douceur.

CHRISTOPHE.

Bah ! bah ! ce sont de vieux *rebus*.... on est revenu de tout cela.... parlons peu, parlons bien....

MORRIN.

Ce que j'vous en disons, n'est pas pour vous fâcher... il n'y a encore rien de fait.... si vot' filleul plait davantage à ma fille et que j'découvrions en lui toutes les qualités nécessaires pour faire un bon mari.... eh ben ? autant sti là qu'un autre, j'aurons du plaisir à l'appeller mon gendre. Mais, tenez, soit dit entre nous.... c'est un franc poltron..... et vive un homme d'courage ! v'la comme il en faut un dans ma famille.... adieu, monsieur Christophe, j'allons nous échauffer dans l'bois.... mais j'entends nos amoureux.... bon ! j'irons tous ensemble... eh ! arrivez donc, parresseux qu'vous êtes !... est-ce là l'heure de partir ?....

SCÈNE XI.

LES MÊMES, CHŒURS DE VILLAGEOIS ET DE VILLAGEOISES, *les hommes ont des haches, des serpettes, etc.*

CHŒURS.

AIR : *De l'ouverture de Richard*, N°. 27.

Partons, partons,
Allons-nous mettre à l'ouvrage,
Partons, partons,
Quittons enfin nos maisons.

SCÈNE XII.

LES PRÉCÉDENS, LAURETTE.

LAURETTE, *apportant à Morin sa gourde.*

Mon papa, vous avez oublié votre vin,
Pour avoir du courage
Il en faut le matin.

CHŒURS.

Oui le vin
Est divin,
Il en faut le matin   (bis.)
Pour bien nous mettre en train.

LAURETTE, *cherchant Jules parmi les Villageois, ne l'apperçoit point et dit à part :*

J'étions sortie exprès pour l'voir....

AIR : *Chanson, chanson*, N°. 28.

(à part.)

Il n'est pas v'nu !... craint-il la g'lée !...
J'ly frons ce soir à la veillée
Un' bonn' leçon.

(à Morrin.)

Avant qu' d'ici l'on se retire,
Mon père, il faut encore nous dire
Votre chanson.

LA CHASSE AUX LOUPS

MORRIN.

Vous l'voulez, allons, préparez-vous à ben frapper des mains.....

LAURETTE, à part.

Bon! cela va les retenir encore, Jules viendra peut-être.

MORRIN.

AIR: *Un pauvre oiseau*, (ARNILL.) N°. 27.

Vive l'été! j'avons de la verdure,
Quand le soleil dard' sur nous ses rayons.

Bis en chœur.

Pif, paf et pan!... mais si vient la froidure,
Pif, paf et pan! v'là comm' nous nous r'chauffons!

(*En répétant ce refrain, chaque garçon frappe en mesure dans la main de sa maitresse; Morrin dans celle de Laurette. Quelques-uns qui n'ont pas d'amoureuses forment ce jeu avec leurs pieds. Christophe est le seul qui ne soit pas de la partie.*)

(*Le même jeu se répète à chaque couplet.*)

Les amoureux auprès de leurs bergères
Ne devont craindre aucune des saisons...

Bis en chœur.

Mais nous aut' vieux, avec nos ménagères...
Pif, paf et pan!... v'là comm' nous nous r'chauffons!

Personne d'vous ne veut quitter la place,
Que je n'chantions not' petite chanson;

Bis en chœur.

Pif, paf et pan!... à présent qu'on s'embrasse (1).
Pif, paf et pan!... la voilà tout d'son long.

CHŒUR GÉNÉRAL.

Partons, partons,
Allons maint'nant à l'ouvrage,
Partons, partons,
En chemin nous chanterons.
Mais sur-tout, mes amis, n'oublions pas le vin,
Pour avoir du courage
Il en faut le matin,

---

(1) Chaque garçon embrasse sa maitresse, Morrin embrasse sa fille.

Oui le vin
Est divin,
Il en faut le matin. (*bis.*)
Pour bien nous mettre en train.

Pendant la ritournelle, les Villageois s'éloignent ; lorsque l'adagio commence, ils s'arrêtent et regardent tous vers le fond ; enfin l'on voit arriver à toutes jambes Silvestre ayant une manche de son habit déchirée et pendante, les Villageois se grouppent aussitôt autour de lui pour l'écouter.

SCÈNE XIII.
LES PRÉCÉDENS, SILVESTRE.

SILVESTRE.

AIR : *Des trembleurs*, N°. 30.

(*Très vite et fort.*)

Mes amis, je vous en prie,
Hélas ! sauvez-moi la vie,
Je le vois, quelle furie !
Il s'avance !... c'en est fait !

(*Grand étonnement dans le grouppe.*)

CHRISTOPHE.
Pourquoi donc prends-tu la fuite?
Qui t'a fait courir si vite?

SILVESTRE.
J'avons à notre poursuite
Le plus gros loup d' la forêt.

(*Ici quelques filles se sauvent dans leurs maisons.*)

Il est enragé, je gage,
Qu'il va faire de ravage !
Il devor'ra tout l'village,
Décampez sans perd' de tems.
Il a déchiré la manche
De mon habit de Dimanche,
J'nons pu prendre not' revanche,
Voilà l'effet de ses dents !

MORRIN.
Mes amis !.... c'est du sérieux.....

LAURETTE.
Et Jules !... où peut-il être ?...

LA CHASSE AUX LOUPS;

SILVESTRE.

AIR: *Courons de la blonde à la brune*, N°. 31.
(*A Christophe.*)

J'allions porter vos sentences
Comm' vous m'l'aviez ordonné,
On eut dit, malgré mes transes,
Qu'j'étions ben déterminé.
Le croira-t-on ?... du village
J'nous trouvions à peine au bout
  Que tout-à-coup
  Ecumant d'rage
Vers moi s'avance un loup...
  Tous mes esprits
  Sont saisis,
  J'fais des cris,
  Ben perçans,
  Je m'défends.
  Voyez j'suis tout en nage.

J'allions passer dans l'aut'monde
Qand un ange est accouru,
Dans una détresse profonde
Je n'l'avons pas reconnu.
Il fit tant le diable à quatre,
Qu'enfin il me délivra,
Mais l'loup qu'il croyoit abbattre,
  Quoiqu'blessé, se sauve...
  Il est par-là,
  Le voilà,
  J'crois là-bas;
  N'allez pas
  Sur ses pas.

MORRIN.

Vite, il faut le combattre.

Jeunes filles, rentrez dans vos maisons... et toi aussi, ma Laurette... tu t'exposerois ici.... (*Il l'embrasse.*)

SCENE XIV.

MORRIN, CHŒUR DE PAYSANS, SILVESTRE, CHRISTOPHE.

MORRIN.

AIR : *Armons, armons nos bras.* N°. 32.

Poursuivons à l'instant même
L'animal aux cruell' dents,
Sa sûreté.... Chacun l'aime,
Prevenons d'aut' s'accidents.

AVEC LES CHŒURS.

Allons, armons nos bras,
Le danger paroît extrême ;
Allons, armons nos bras,
Ne nous décourageons pas.

SILVESTRE.

Pour nous, à l'être suprême
J'allons nous recommander.
Sa sûreté.... Chacun l'aime,
J'allons donc ben nous garder.

(*Il veut s'en aller.*)

LES PAYSANS *l'arrêtant.*

Non, non, arme ton bras,
Le danger paroît extrême ;
Non, non, arme ton bras,
Devant nous tu marcheras.

MORRIN, *au milieu des paysans.*

Vingt amans ont pour ma fille
Montré la plus vive ardeur,
J'admettrons dans ma famille
S'tila qui s'ra le vainqueur.

LAURETTE *à la fenêtre a entendu les deux derniers vers :*
Que dit mon père ?....

(*Elle se retire à l'instant même.*)

LES GARÇONS.

Bon, bon! armons nos bras,
D'impatience j'pétille,
Bon! bon! armons nos bras
Morrin, nous suivrons tes pas.

CHRISTOPHE, à *Silvestre.*

L'occasion est charmante,
Tu peux, en le signalant,
Plaire aux yeux de ton amante
Et l'épouser sur le champ.

CHŒUR ET MORIN.

Allons, armons nos bras,
Partons vite, plus d'attente,
Armons, armons nos bras,
Ne nous décourageons pas.

(*Ils partent, Morin à leur tête avec Silvestre dont les gestes expriment les frayeurs.*)

(*Christophe rentre chez lui.*)

SCÈNE XV.

LAURETTE *seule, sortant de la maison et promenant ses regards de différens côtés.*

La ritournelle doit peindre sa tristesse et ses allarmes.

AIR *nouveau*, N°. 33.

O ciel! que je suis malheureuse!
Quel souci dévore mon cœur!
J'avais l'espérance flatteuse
Que Jules feroit mon bonheur.
Mais hélas! le destin contraire
Me prive aujourd'hui sans retour,
De la tendresse de mon père,
Ou de l'objet de mon amour.

(*Ritournelle qui exprime son accablement.*)

AIR: *Un Cordelier d'une riche encolure*, N°. 34.

Non, non, jamais,
Non, vous aurez beau faire,
Pardonnez, mon père,
Je ne saurois
Répondre à vos souhaits.
Jule est aimé... mon cœur, je vous l'assure,
Ne s'ra point parjure,
Je saurai mourir
S'il faut vous obéir.

AIR: *Jardinier, ne vois-tu pas*, N°. 35.

Jules n'est point de retour,
Ah Jules! quel dommage!

Ton bras conduit par l'amour
Auroit vaincu dans ce jour...

LES PAYSANS, *derrière le théâtre.*
Courage ! courage ! courage !

LAURETTE.
Cher Jule ! entends-tu ces cris !
Un autre aura la gloire
D'avoir délivré l'pays,
Un autre obtiendra le prix...

LES PAYSANS, *derrière le théâtre.*
Victoire ! victoire ! victoire !

LAURETTE.
Il n'est plus tems, mon sort est prononcé... rentrons.
(*Elle entre dans la maison.*)

SCÈNE XVI.

MARCHE.

Un grouppe de jeunes filles et de jeunes garçons, Jules ayant un ruban qui le fait reconnoître pour le vainqueur. Il est entre le père, Morrin et un autre vieillard.

Deux paysans, portant chacun sur leurs épaules le bout d'un bâton après lequel sont suspendues les dépouilles du loup.

La marche est terminée par une foule de paysans, paysannes et d'enfans, et par Silvestre qui a l'air triste et confus.

(*Christophe sort de chez lui.*)

La marche s'arrête près la maison de Morrin.

MORRIN, *à Jules.*
A présent que tu es digne de ma fille... je voulons voir si Laurette est digne de ta tendresse... reste là... tu n'sortiras des rangs que lorsque jet' ferons signe...

(*Il ouvre la porte de sa maison et appelle Laurette.*)

SCÈNE XVII.

LES MÊMES, LAURETTE.

MORRIN.
Réjouis-toi, ma fille, cet animal féroce alloit dévaster le pays... Un jeune garçon plein d'ardeur, de courage, l'a terrassé... enfin il n'existe plus... mais tu ignores peut-être

la promesse que j'avions faite. Desirant pour gendre un homm' dont j'pussions répondre d'la bravoure, j'ons promis de tu'nir à celui qui s'roit r'connu pour vainqueur... Tu m'as toujours dit que tu m'aimois, voici le moment de me prouver ton amiquié et ta soumission ; il faut payer ma dette en acceptant pour époux celui qui a délivré le pays.

LAURETTE, *se couvrant presque le visage de son mouchoir et placée de manière qu'elle ne peut appercevoir Jules.*

(*Avec tristesse et douleur.*)

Mon père !... je n'avions qu'un espoir, celui dont vous-même, vous nous aviez flattée quelquefois, il s'est évanoui !... je dois vous obéir... mais n'en doutez pas... Jules a toute ma tendresse... en m'ordonnant de r'noncer à lui, c'est m'ordonner de mourir...

(Pendant ces dernières phrases, Morrin a fait signe à Jules de s'approcher, celui-ci s'avance à petits pas, Morrin lui prend une main et la met dans celle de Laurette qui a le visage détourné.)

MORRIN.

Ma fille, un honnête homme n'a que sa parole......; voilà ton époux !...

LAURETTE *tournant peu-à-peu la tête du côté de Jules, le reconnoît, se jette avec transport dans ses bras, et embrasse tour-à-tour Jules et son père.*

Ciel ! que vois-je ? Jules !...

JULES.

Ma chère Laurette !...

A l'instant même tout le monde chante sur la finale de Blaise et Babet, LE BON SEIGNEUR, N°. 37.

Heureux époux, vivez à jamais !

CHRISTOPHE, *à Silvestre.*

Eh bien ?... Silvestre... mon pauvre garçon !...

SILVESTRE.

J'en suis pour un habit presque neuf... et une peur !... une peur !... oh ! je ne veux plus me marier... il en coûte trop pour cela...

OPÉRA-COMIQUE.
VAUDEVILLE.
AIR : *Ainsi jadis un grand prophète.*

MORRIN.

Ma joie est égale à la vôtre,
Embrassez-vous, mes chers enfans,
Dans ce jour je me sens tout autre,
Ce jour me rajeunit d'vingt ans.
Vous allez entrer en ménage,
Vot' bonheur fera des jaloux...
Dès qu'on vous port'ra queuq'ombrage,
Mes amis, fait' la chasse aux loups.

JULES.

Que mon sort est digne d'envie ;
Ta main est le prix d' ma valeur,
T'aimer, t'adorer tout' ma vie,
Voilà le serment de mon cœur !
L'amour s'intéresse à ma gloire,
Lui seul a dirigé mes coups,
Il m'apprête une autre victoire,
Mais c'n'est plus à la chasse aux loups.

CHRISTOPHE.

Il est des loups de toute espèce,
Tous ne vivent pas dans les bois,
Hélas ! j'en connois qui sans cesse
Voudroient nous réduire aux abois.
Mais faisons bonne contenance,
De ces enragés moquons-nous :
Un jour viendra que de la France
L'on fera chasser tous les loups.

MORRIN.

Les méchans n'aiment que la guerre,
Et loin d'arrêter ses fureurs
Se jouant de notre misère,
Ils spéculent sur nos malheurs,
Mais bientôt, j'en ai l'espérance,
D'not' pays le sort sera doux,
La paix ramenera l'abondance,
La paix en chassera les loups.

LA CHASSE AUX LOUPS.

SILVESTRE.

Quel démon contre moi conspire!
J'n'en savons rien en vérité,
Drès qu' pour un' fille je soupire,
Zeste! me voilà supplanté,
A courir les bois je me lasse
Dans l'espoir d'être son époux...
Aux moineaux je ferai la chasse,
Je n' ferai plus la chasse aux loups.

LAURETTE.

Toujours jaloux de vot' suffrage
L'auteur desire avec raison,
Vous voir sourire à son ouvrage
Et faire oublier la saison :
Si dans l'esquisse qu'il vous trace
Il n'a su contenter vos goûts,
Messieurs, ne lui fait' point la chasse
Comme il a fait la chasse aux loups.

FIN.